苏州泰伯庙的故事

吴眉眉 吴友华 著
吴永敏 主编

苏州新闻出版集团
古吴轩出版社

图书在版编目（CIP）数据

苏州泰伯庙的故事 / 吴眉眉, 吴友华著；吴永敏主编. -- 苏州：古吴轩出版社, 2023.6
ISBN 978-7-5546-2100-4

Ⅰ. ①苏… Ⅱ. ①吴… ②吴… ③吴… Ⅲ. ①泰伯（前1285-前1194）- 人物研究 Ⅳ. ①K827=23

中国国家版本馆CIP数据核字(2023)第027344号

责任编辑：李　倩
责任校对：黄菲菲
装帧设计：李　璇
图片提供：吴海云　吴眉眉
插图绘制：马万里

书　　名：苏州泰伯庙的故事
著　　者：吴眉眉　吴友华
主　　编：吴永敏
出版发行：苏州新闻出版集团
古吴轩出版社
地址：苏州市八达街118号苏州新闻大厦30F
电话：0512-65233679　　邮编：215123
出 版 人：王乐飞
印　　刷：苏州市越洋印刷有限公司
开　　本：787×1092　1/32
印　　张：5.75
字　　数：55千字
版　　次：2023年6月第1版
印　　次：2023年6月第1次印刷
书　　号：ISBN 978-7-5546-2100-4
定　　价：100.00元

至德殿
癸卯(2023)年清明公祭先贤泰伯、仲雍、季札典礼

泰伯庙，我国各地先后建造多座。而苏州泰伯庙，早在公元 154 年就由汉桓帝诏令建造，是全国首座。至 2022 年为止，已有 1868 年的悠久历史。公元 914 年，吴越武肃王钱镠为避兵乱，将泰伯庙从阊门城外移建至城内现在的位置，也已 1108 年了。历代官府和江南民众感念泰伯为吴地做出的卓绝贡献，将其奉为吴地共祖，隆重祭祀。

元末明初文学家宋濂，在明代洪武初年卢熊纂修的《苏州府志》序中写道："吴在周末为江南小国，秦属会稽郡，及汉中世，人物、财赋为东南最盛，历唐越宋，以至于今，遂称天下大郡。"万历年间，袁宏道为吴县知县，在给友人龚惟学的信里，他对苏州的赞美之情溢于言表："若夫山川之秀丽，人物之色泽，歌喉之宛转，海错之珍异，百巧之川凑，高士之云集，虽京都亦难之。今吴已饶之矣，洋洋乎固大国之风哉！"

那么，谁是锦绣江南的开拓者、吴地文化的播种人？

3000 多年前，陕西有一个周族部族，首领古公亶父的长子泰伯，与弟仲雍以采草药为名让国离家，最终将继承权让给三弟季历，季历再传给其子姬昌，从而实现父亲的心愿。

泰伯因谦让才来到了吴地，泰伯因开拓才创立了勾吴国。泰伯三让王位的事迹和精神，是中国几千年传统文化的典范，不仅被汉桓帝树为楷模，还被孔子尊为至德。后世对泰伯的评价，概括起来：于商代尽了义，于周朝则尽了仁；其后代又有寿梦、季札这样的贤人；他们使荆蛮之地，一变而为周朝分封的诸侯国；其流芳百世的家风文化和家国情怀，恩惠乡邦，通达四海，延绵不息。

一个“让”字，使泰伯和仲雍成为锦绣江南的开拓者、吴地文化的播种人，而备受帝王们的推崇以及历代吴人和治理吴地者的礼敬。

苏州泰伯庙，又名至德庙，位于阊门内下塘街252号，至今尚存的至德桥、至德坊、至德殿等，均为清代建筑。1982年，苏州泰伯庙、至德桥被列为苏州市文物保护单位。

人物介绍

吴老师：36岁。喜欢中国传统文化，是江南生活美学的践行者，也是一位长年穿着旗袍行走在苏州街巷里弄的吴文化专家。吴老师常常随身带线装古籍。她说，那样的书有特别的书香。她希望当一名“让古籍里的文字活起来，让苏州城的历史醒过来”的“教育导游”。

张同学：11岁。这位小姑娘是吴老师的“迷妹”。她在小学三年级时才转学来苏州。张同学喜欢音乐，最擅长吹横笛，她说，她从吹奏《姑苏行》的那一刻开始就爱上苏州了。

吴同学：11岁。被同学们称为“小问号”的吴同学，喜欢历史，擅长数学。他的父母、爷爷奶奶都是老苏州，给他讲过很多关于苏州的故事，他越听越觉得听不够。所以您看，他小脑袋瓜里许许多多的问号像金鱼吐泡泡一样冒个不停呢。

周同学：11岁。身强力壮的周同学是个足球健将，有超长“待机”的脚力，同时他也酷爱看书。他认为，运动和书籍带给他快乐，而在苏州行走和阅读，就是人生最快乐的事。

2022年春天，一个风和日丽的午后，苏州古城的上空蓝天白云，空气中清香浮动，令人心旷神怡。泰伯庙前来了一群小学师生，他们站在庙前的至德桥上，兴奋地指着中市河中清澈明亮的倒影你一言我一语：

“小桥流水人家……”
“江南几度梅花。”
“水巷橹声咿呀……”
“学海放舟无涯。”

吴老师，我们今天不是参观未成年人教育实践基地吗？

对呀吴老师，我们怎么到泰伯庙来啦？

同学们，苏州泰伯庙是苏州市未成年人教育实践基地之一哦。

看着同学们惊讶的表情，吴老师兴致勃勃地讲述起苏州泰伯庙的故事。

在古代，修庙祭祀都属于国家大事，五礼之中以祭礼最为重要。事实证明，此举对于规范、制约和引导百姓的言行，效果显著。从苏州泰伯庙保存的历代帝王钦赐匾额、褒崇志等不难看出，历代帝王都对泰伯封伯、封王、封侯、封神赞誉有加，赞誉的是至德三让的精神，传承的是谦让大度的品格。

请问吴老师，泰伯是谁呀？

要说清楚这个问题，得从 3000 多年前说起。

自从古公亶父继承周族部族首领之后，他重新恢复先祖后稷、公刘的农耕之业，积德行义，勤勉经营，部族中的人都拥戴他。一日，年迈的古公亶父又在为部族权力的传承大事而闷闷不乐。

他有三个儿子，大儿子就是泰伯，二儿子仲雍、三儿子季历。季历生下一个儿子叫姬昌，从小天资聪颖，一副帝王相。古公亶父有意将部族权力传给姬昌，但按当时的传统，只能由嫡长子泰伯继承。季历排行最小，没有继承资格，那么姬昌当然也不能当继承人了。

至德無名

泰伯了解情况后，就和弟弟仲雍商量，无论如何一定要让父亲的心愿达成。泰伯、仲雍思来想去，唯有主动离开才是万全之策。一天，兄弟俩带着百余名手下，以采草药为名离开了部落，有意避立长嗣，这是泰伯一让；后来又有了奔丧至孝，奔吴让位，这是泰伯二让；断发文身，示不可用，这是泰伯三让。

通过“三让”，泰伯最终把继承权让给了三弟季历，也留下了三让天下的美名。泰伯、仲雍同心让国，最终“让”到了蛮荒之地——太湖之滨的梅里(今无锡)，遵从并融入当地人的习俗，就此立足生根。同时，教当地百姓种植、养殖、水利等技术，赢得了大家的爱戴，百姓纷纷投靠，竟达千余人之多。

·泰伯一让·
入山采药 避立长嗣

·泰伯二让·
奔丧至孝 奔吴让位

·泰伯三让·
断发文身 示不可用

投奔泰伯的人越来越多，一个小国家就此诞生，泰伯称其“勾吴”，即吴国，也称古吴国。泰伯被立为君王，成为“吴一世”。为了更好地保护百姓的生命安全，他们又以梅里为中心建泰伯城，范围包括今天苏州的西北部。人们耕种在这里，过着自给自足、和谐安定的生活。

商末泰伯避居江南并建立勾吴国，国都在今无锡梅村一带，但外郭已进入今苏州城西北区域。至18世寿梦，相传已于今苏州另外建城为宫室，一说在胥湖口，一说在平门西北二里，一说在昆山等。公元前560年，吴王诸樊迁徙国都到今苏州，有明确的记载。

兄弟俩还带领大家开凿了一条江南最早的人工河——伯渎，以备旱涝。不仅如此，他们继续发扬仁义谦让之风，导民以德，齐民以礼，推行周人的服饰礼仪；遵循周原的祭祀文化，修建家庙，祭祀先祖。没过几年，百姓不仅物质生活殷富，行为举止也变得懂礼仪、有教养了，东南礼乐的基础由此奠定。

显而易见，泰伯在为吴地百姓树立道德模范的同时，也为改变江南的蛮夷民风起了至关重要的作用。

再说姬昌继位后，终究未辜负伯伯们的殷切希望。他敬老慈少，礼贤下士，经过不懈努力，归顺的诸侯越来越多。他建立丰邑（今陕西长安沣河西），并迁都于此，终于揭开克殷翦商、建立西周王朝的序幕。

姬昌子姬发（即周武王）灭商建立西周，追尊古公亶父为周太王。同时寻求泰伯、仲雍的后裔。找到了已是吴国君王的周章，便将吴国封为诸侯国，这是长江下游太湖流域最早出现的诸侯国。周章成为吴国第一君，完成了周王朝正统的确认与沿袭。周章按照西周帝王祀奉祖先之庙的礼制，修建宗庙，祭祀先祖。

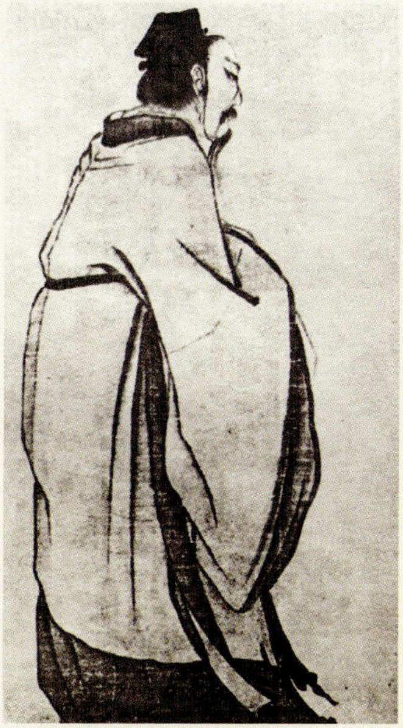

姬发(？—公元前 1043)，西周王朝的建立者。继承文王遗志，联合庸、蜀、羌、髳、微、卢、彭、濮等族，于公元前 1046 年率军攻商，牧野（今河南淇县西南）之战大胜，灭商，建立西周王朝，建都于镐（今陕西西安市长安区沣河以东），分封诸侯。

姬昌(？—约公元前 1056)，商末周族领袖。统治期间，解决虞、芮两国争端，使两国归附，建丰邑（今陕西西安市长安区沣河以西）为国都。在位 50 年。

那么，泰伯姓姬，怎么会是我们的先祖呢？

因为泰伯是古吴国的开国始祖，所以被周武王追封为吴伯，并且从泰伯开始“受封显姓，以吴承姬”。另外，公元 323 年，即晋明帝太宁元年，尊崇其为三让王；公元 1100 年，即宋哲宗元符三年，诏封号为至德侯；公元 1102 年，即徽宗崇宁元年，进封王；公元 1369 年，即明太祖洪武二年，敕封吴泰伯之神。

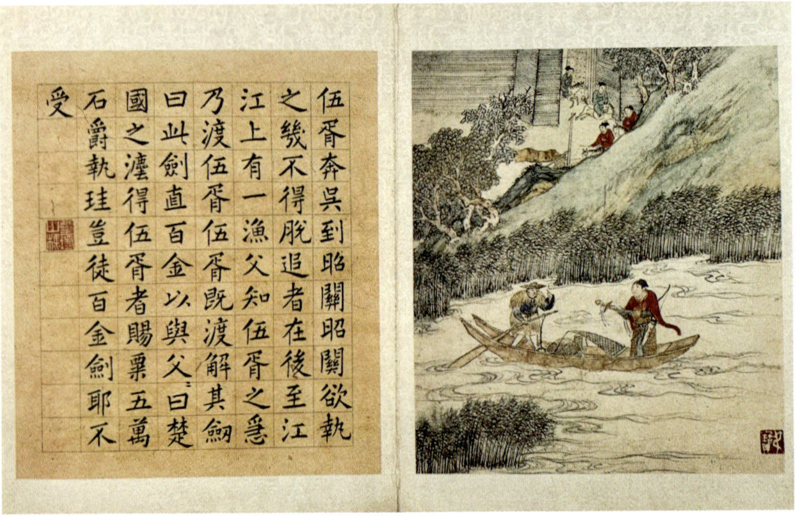

·〔明〕钱穀《迁史神交故事图册·伍子胥逃难》

公元前585年，吴君去齐过世，寿梦继位，因国力增强而始称王，将国都和宗庙迁到今苏州。公元前514年，阖闾登基，成为吴国第24任国君。阖闾雄心勃勃，向伍子胥询问治国之策。伍子胥答道，想争霸必须另建更大的城郭，要有积粮屯兵的军事基地，尤其要加强军事防御功能。

伍子胥（？—公元前484），春秋时吴国大夫。名员，字子胥。伍奢次子。后助阖闾刺杀吴王僚，夺取王位，整军经武，国势日盛。旋攻入楚都，以功封于申，故亦称“申胥”。吴王夫差时，劝吴王拒绝越国求和并停止伐齐，渐被疏远。后被吴王赐剑自杀。

吴王阖闾听从伍子胥的建议，并命他负责建造阖闾城。伍子胥相土尝水、象天法地，在太湖之东构筑起了一座大城。同时修建更加雄伟庄严的宗庙，祭祀吴国先祖。城西是浩瀚的太湖、起伏的丘陵，城东则是河网密布、水田纵横的平原。整个地势西高东低，众水绕城，东流入海，太湖、阳澄湖、金鸡湖、独墅湖、澄湖、石湖等湖泊，如众星拱月般将城护在中间，设计极其科学。

时至今日，面对如此精妙的城市选址方案，我们依然会情不自禁地赞叹古人的聪明才智，这在世界城市史上也是一个不折不扣的奇迹。

阖闾城我知道的，听爸爸说就是现在我们居住的苏州古城区，至今已有2500多年的历史了。

是呀，这个城是按照周代礼制构建的诸侯王城，其规模在当时各国的都城中已经属于高水平了，由大城、内城、外郭组成。城墙伟岸，护城河又宽又深，经八座陆门、八座水门，与外郭相连，河道上有桥。城内河道交错，纵横有序。

古城

白马涧

采香泾

灵岩山

黄池会盟：春秋末吴、晋争霸的会盟。吴王夫差即位后，先击败越国，继即争霸中原。吴王夫差十二年，即公元前484年，吴救鲁伐齐，破齐军于艾陵（今山东莱芜东北）。两年后，吴开通连接泗水与济水的运河，夫差由水路北上，与中原各国诸侯在黄池（今河南封丘西南）会盟。夫差依仗兵威，与晋定公争夺盟主地位。越王勾践乘虚袭破吴都（今江苏苏州）。夫差得报后，仍勉强争得盟主而回。

在苏州历史上，春秋时期的吴国曾经掀起过一个发展高潮。吴国从一个被中原人鄙视的“蛮夷之邦”，经过历代吴王的发奋图强，竟然西破强楚，北威齐、晋，南服越人。吴王夫差北上与晋、鲁等诸侯国君“黄池会盟”，最终成为盟主。但由于长期对外征战，民生凋敝，兵甲困乏，越军乘虚发起总攻，吴国不幸灭亡。

从公元前1100年左右泰伯立勾吴国起，到公元前473年夫差失国，勾吴国共存在650年左右。正因如此，它为苏州乃至东南地区的城市建设和文化发展奠定了坚实的基础，其影响历数千年而不绝，更为苏州古城留下了3000多年的文化根基，2500余年的春秋故都，多处被列为世界文化遗产和全国重点文物保护单位。虽然经历过多次天灾、战火纷乱，古城依然在原来的版图上巍然屹立。

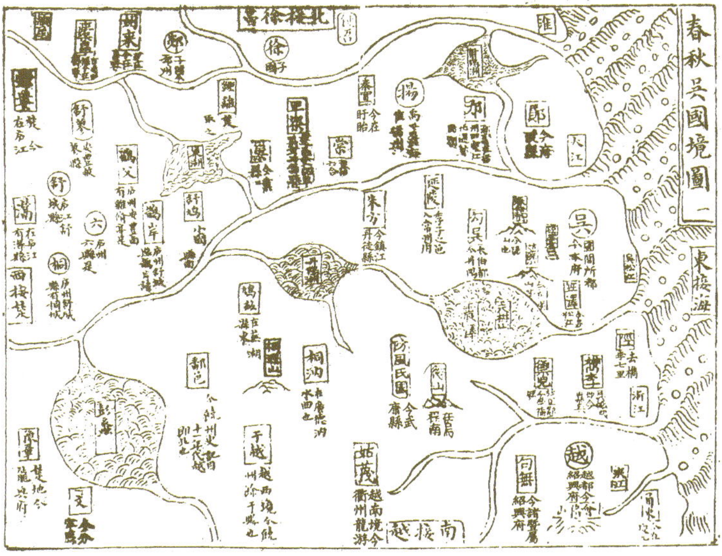

·春秋吴国境图

吴老师，听了您的介绍，我了解了吴国的发展历程。请您接着给我们讲泰伯庙的故事好吗？

好！

吴国战败后，宗庙被毁。楚灭越，秦灭六国统一天下，后又经楚汉争霸，刘邦战胜项羽建立西汉。至公元146年，刘志继位（即汉桓帝）。当时太后临朝听政，外戚掌权，政局动荡，社会失序。汉桓帝为了扭转这种局面，便命吴郡太守麋豹在苏州建泰伯庙，他要通过为泰伯建庙、造像，将先贤身上仁孝谦让和开拓进取的精神树为楷模，广为传播，从而使朝政和社会秩序等回归正常。

虎丘

吴如胜所修的吴氏开山族谱《世系》，以及后世14次修谱中，均有关于苏州泰伯庙的相关记录。东汉吴郡太守麋豹于阊门外建庙，奏请朝廷访求吴姓后裔来管理庙祀，桓帝就命泰伯38世吴汉(字子颜,汉光武帝即位,拜大司马,封广平侯。卒,谥曰忠侯)曾孙吴如胜(袭封灌阳侯。卒,谥曰孝宪)的次子吴允承(拜奉祀侯,奉敕主祀泰伯庙。卒,谥曰文孝)为奉祀侯,迁回苏州。

公元154年，诏建泰伯庙于吴郡阊门外雁宕村南，位置大约是现在的干将路以南，烽火路以东，三香路以北，谈家南巷和三香弄以西区域内。并且“北引白莲、桐泾合流溪水入庙，盘旋殿侧，延东而旋西南出前三门之右直外”。可见泰伯庙的选址，十分慎重、讲究。

麋豹加紧选拔全国能工巧匠，采集上等木材、石材，夜以继日建造庙宇。

漢桓帝敕封奉祀侯吳允承制
皇帝制曰國家寶賢爰及苗裔而清華列秩非克纘先傳勉官存
譽者誰克承之爾吳允承鍾海岳之精英備文質之純懿契
梅里之真源挺延陵之特秀宜膺簡命益允名宗爰值爾父
灌陽侯吳如勝以世系進覽太尉黃瓊等議爾為泰伯廟主
祀因錫爾為奉祀侯永主廟祀責之敕命庶國乾有加世禎
克承乃有光於社稷欽哉爾命
永興二年十二月初五日

同时，汉桓帝又命麋豹访其子孙正脉源流主祀。泰伯41世孙吴如胜以家藏世系表进献，汉桓帝览而赞曰："贤哉吴泰伯，庆泽弥流长。"于是命吴如胜的次子吴允承为奉祀侯，永主其庙祀。当时的情形，可以看《汉桓帝敕封奉祀侯吴允承制》，现立于泰伯庙的御碑亭中。

据《锡谱》记载，东汉桓帝永兴二年，即公元154年，吴郡太守麋豹在《如胜吴公修辑世系序》中说："若圣人，德与天地同其高厚，名与日月同其光明，文与山川同其悠久。故禄位之封于朝廷，功业之载于青史，福祚之飨于宗庙，子孙之保于万世也。洪惟周之泰伯，其圣矣乎！三让而保其家国之有天下八百余年。上王其祖宗，下侯其子孙，圣德圣功为何如哉！……永兴甲午岁，豹恭膺皇命来守吴郡，敕建泰伯庙于阊门外，访子孙正脉源流主祀。泰伯四十一世孙如胜，以家藏世系进奏，帝览而制曰：'贤哉吴泰伯，庆泽弥流长。'遂命太尉黄琼等议，如胜次子允承为奉祀侯，永主庙祀。"

姚元灿《洞庭东山竹枝词》写道："古贤三让到荆蛮，绳武龙孙去入山。宗祀千秋吴季子，延陵家乘尚班班。"并自注说："延陵季子庙在武山，其地吴姓最多，皆季子之后，宗谱自泰伯以下，世次皆可考。"祠西南为吴氏先世祖茔，祠旁有寿宁庵和让泉、寿宁泉，现均不存。清康熙年间，裔孙吴时雅、吴文灏等，重修仲雍祠和季子祠。吴时雅当时在吴巷建造了芗畦小筑，后改称依绿园，徐乾学修《大清一统志》时曾在此居住。自南宋以来，一直到乾隆年间，此处向为吴氏世居之地，不杂他姓，当时有居民600余家。

吴如胜原本只有家藏世系表，在苏州泰伯庙建成后，开始修宗谱《如胜吴公修辑世系》，并请糜豹为宗谱写序。吴如胜负责祀奉泰伯庙的这支宗谱也不断修撰，该谱至今仍由其后裔珍藏着。族谱中有一张宋代重建泰伯庙时的建筑图样，还为最近一次修复泰伯庙提供了宝贵的资料和参考的依据呢！

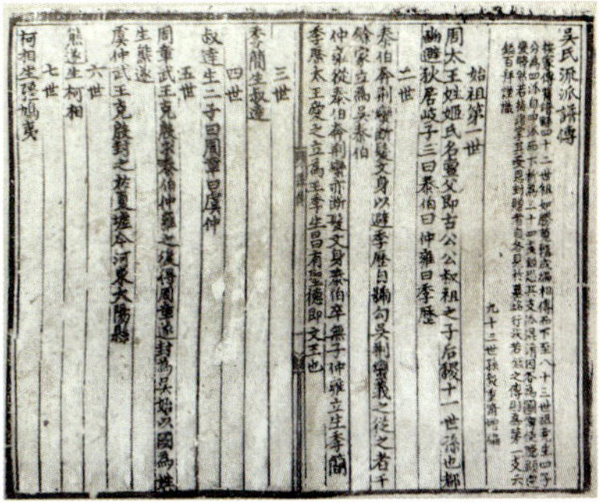

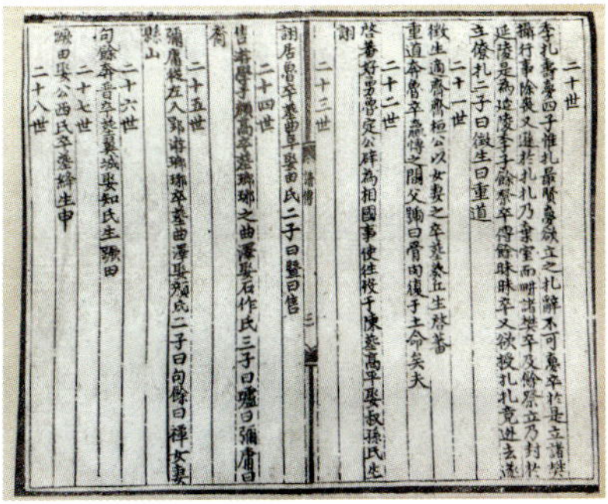

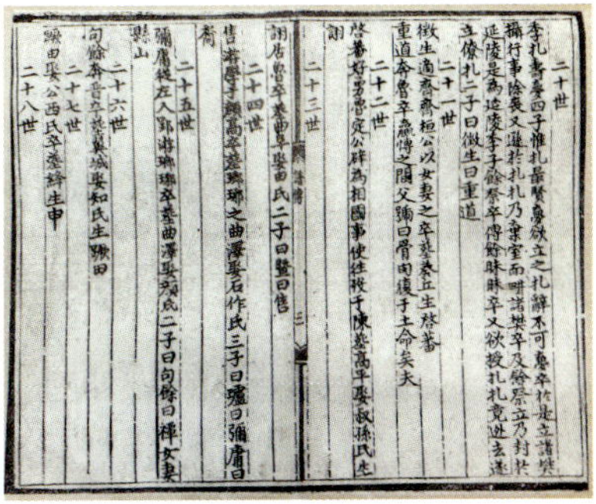

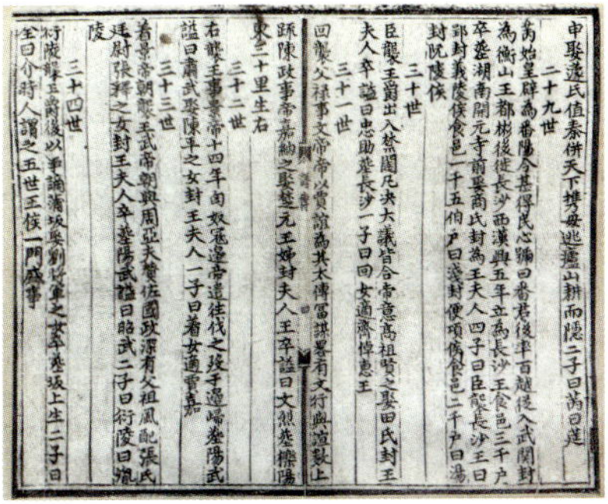

·《吴氏家谱》

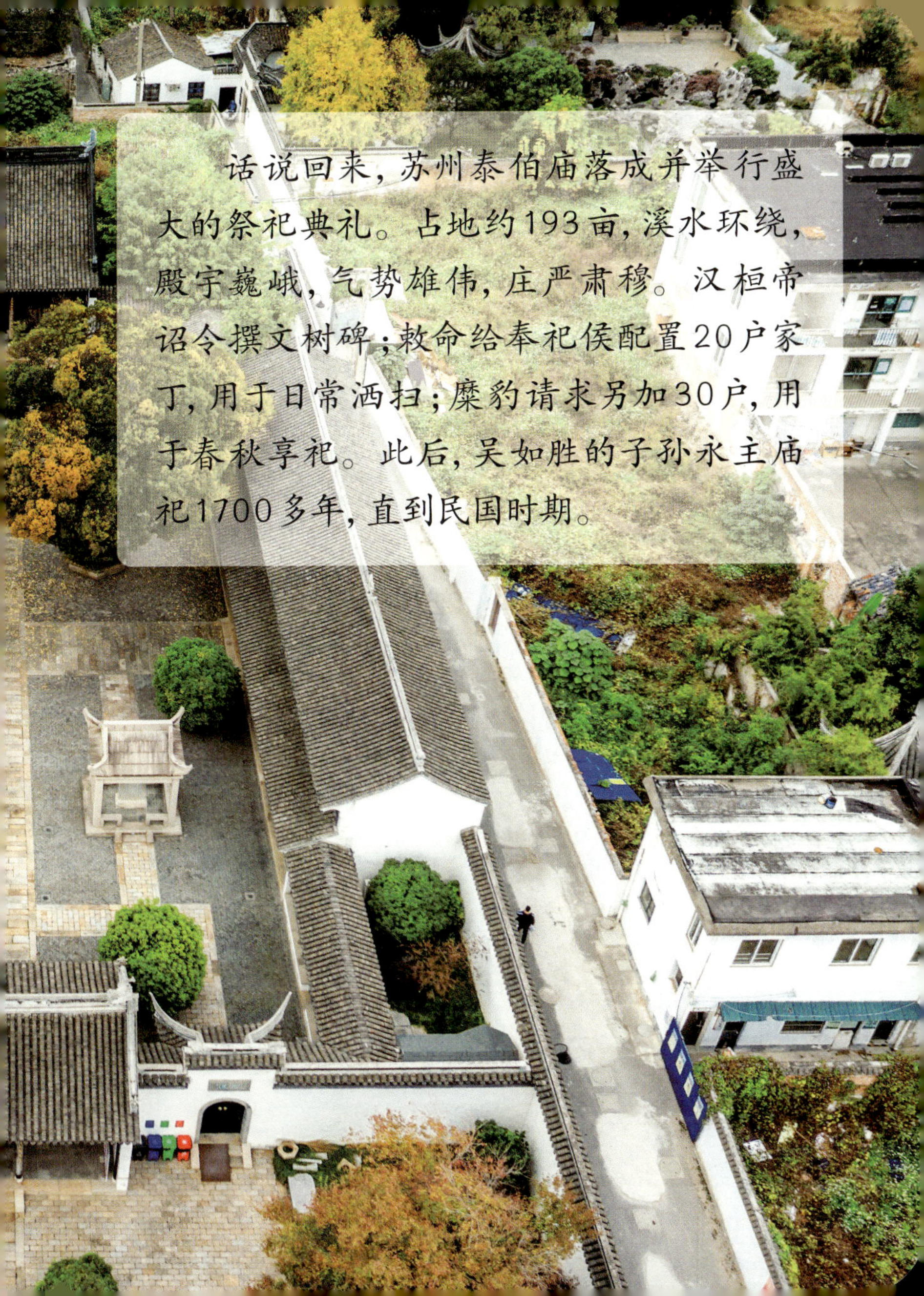

话说回来，苏州泰伯庙落成并举行盛大的祭祀典礼。占地约193亩，溪水环绕，殿宇巍峨，气势雄伟，庄严肃穆。汉桓帝诏令撰文树碑；敕命给奉祀侯配置20户家丁，用于日常洒扫；糜豹请求另加30户，用于春秋享祀。此后，吴如胜的子孙永主庙祀1700多年，直到民国时期。

吴老师，什么叫春秋享祀呀？

春秋享祀的时间为每年农历二月和八月，通常在十日前后，实行春秋两季的例祭。晚清时期，泰伯庙祭祀由苏州知府主祭，地方官员协同分献陪祭，陪祭的还有其子孙，并且允许民众旁观。除此以外，自东汉至清代，历代皇帝（或遣大臣）都有苏州泰伯庙致祭的传统，下面列举一二。

公元323年，即晋“明帝太宁元年，诏祀泰伯，用王者礼乐，具王者冕服。添差庙户只应五十人，立二十四戟于殿门。赐吴郡田百顷，永充庙祀典礼。敕吏部尚书、右仆射、襄陵邓攸撰碑立庙中”。公元328年，即晋“成帝咸和三年，命镇东将军、吴郡太守虞潭兼主庙祀。敕给事中颍川庾阐撰文”。公元335年，即“咸康元年，虞潭立碑庙中”。

·苏州虎丘东周墓出土铜四系壶（复制品）

·《重建至德庙碑记》

公元1295年，即“元成宗元贞元年，命祭三让王于姑苏至德庙，兼赐金帛”。公元1322年，即“英宗至治二年九月，遣银青光禄大夫、御史中丞察罕帖木儿祭三让王吴泰伯”。公元1369年，即“明太祖洪武二年，御制祭文，遣官致祭”。

公元914年，吴越武肃王钱镠为避兵乱，将泰伯庙从阊门城外移建至城内现在的位置，前临金阊之溪，占地面积58.5亩，祀吴泰伯。公元978年，北宋太宗赵炅准奏重建。公元1092年，哲宗赵煦皇帝御赐庙额“至德”。公元1165年，知府沈度重修。公元1252年，提刑潘凯重修，撤除附祀之神，唯绘仲雍、季札二像附祭，因崇其谦让。

不仅如此，早在公元688年，唐代政治家、武周时期宰相狄仁杰奏毁吴楚淫祠

1700余所，独留夏禹、吴泰伯、季札、伍员四祠，足见其历史地位之高。这充分说明，苏州泰伯庙还是中华优秀传统文化传承的重要载体呢！

吴老师，那么我们脚下的至德桥是什么时候建的呀？

至德桥和至德坊都是十分古老的建筑，是沈度重修泰伯庙时建的，到 2022 年已有 857 年了。至德桥于公元 1563、1684 年等先后重修；公元 1810 年，翻建为石板拱桥；1924 年，改成钢筋混凝土平桥。现为单孔石梁平桥，石砌桥墩，石板桥栏，条石桥面，南北各有十多级石阶。

至德桥，宋《平江图》标注“庙桥”。因桥北堍有至德庙（又名泰伯庙）而得名。《吴郡图经续记》载：“至德桥，在泰伯庙前，以庙名桥也。”民国29年，即1940年，《吴县图》上改名为“泰伯庙桥”。

吴江

阳澄湖

金鸡湖湖心亭

石湖

胥口

在清代和清代以前，苏州泰伯庙除了正殿供奉泰伯、仲雍、季札三位先祖神像，东庑祀的是历代或建或修苏州泰伯庙的地方官，有縻豹、刘损、狄仁杰、钱镠、黄履、沈度、潘凯、况钟、张淮、陈瑞、饶天民、甘士价、石崐玉、胡继升、史应选、汤斌。每一位都与苏州泰伯庙有一段感人至深的故事。

我们今天先说况钟与苏州泰伯庙的故事。

公元1430年，况钟出任苏州知府，他在视察牢狱时，发现关押者数千人，人满为患，并且互相指责，一片混乱，难以定判，甚至有的案件积压了十几年未判。第二天，况钟决定带领苏州府大小官吏至泰伯庙祭祀先贤。他们来到泰伯庙时，被眼前的景象惊呆了，只见殿宇倒塌，满目苍凉，连站的地方都没有，更不要说祭祀了。

况钟（1383—1443），明江西靖安人，字伯律。出身小吏。明永乐时历任礼部主事、郎中。宣德五年，即公元1430年出任苏州知府，严惩贪吏，与巡抚周忱奏请减免江南重赋。创纲运簿，设置济农仓。卒于任。

况公祠全景

况公祠
31

况钟认为，连先祖的庙都不管不顾，这是官民失德，故而导致刑狱难清，作为郡守，他的首要任务是修缮泰伯庙。于是，况钟立即组织工匠没日没夜地干活，不到10日就完工了。况钟再次带领大小官吏、父老乡亲来到泰伯庙，在修缮一新的庙宇里举行隆重的祭祀仪式，颂扬泰伯先祖的至德大义……

事情传到牢狱中，囚犯们个个无地自容、后悔不已，纷纷表示先祖泰伯如此伟大，而他们却为一些鸡毛蒜皮之事争个不休，太丢人了。于是囚犯们纷纷俯伏庭下，自认其错，互相谅解。很快，况钟在苏州府任期已满，准备离任升迁。在苏州百姓一再请愿下，明英宗皇帝下诏赐况钟正三品，继续留任苏州知府。况钟在苏州共任职13年，百姓尊称他为“况青天”；况钟逝世后，老百姓为他建祠立碑。

吴老师，现在的泰伯庙就是“况青天”当年重修时的模样吗？

不是的，就明代而言，苏州地方官先后多次负责过修葺。

如公元1484年巡按御史张淮，公元1522至1566年间巡按御史陈瑞、巡按御史饶天民，公元1573至1620年间巡按御史甘士价、知府石崐玉、巡盐御史胡继升，公元1629年知府史应选等。

到了清代，苏州泰伯庙有过几次重要的大修，比如公元1685年，巡抚都御史汤斌重修；公元1719年，巡抚都御史吴存礼廓而新之；公元1860年毁于兵火，公元1867年在废墟上重建；公元1876年，江苏巡抚吴元炳重修。如今泰伯庙的清代建筑，就是此次重修后保存下来的其中一小部分。之后，苏州泰伯庙在很长一段时间里被作为其他用途，历经沧桑。

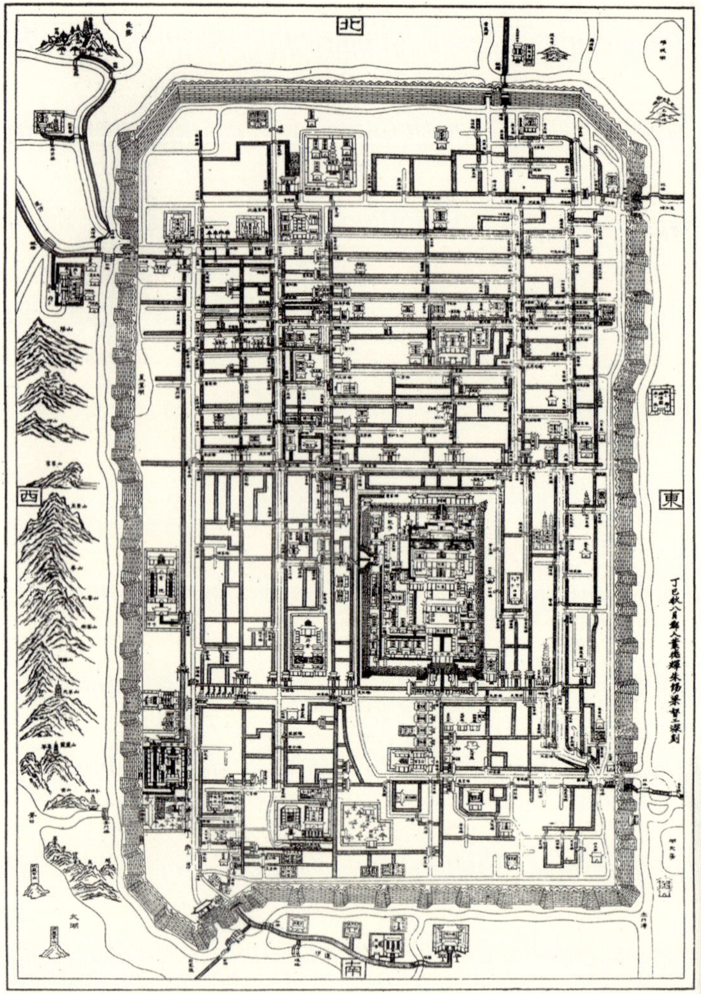

·宋平江图

·民国时期重修后的泰伯庙

1937年，泰伯庙的殿楹被日军飞机投下的炸弹炸毁。奉祀侯的后裔们下决心要修葺祖庙，便集合同族捐资百亿（旧币），于1948年9月修建完毕，泰伯庙的占地面积为2.8亩余。

1982年，经专家学者实地考察和技术鉴定，苏州泰伯庙被列为苏州市文物保护单位。之后，泰伯庙被改建为庙桥农贸市场。2009年，泰伯庙的修缮计划被列入苏州市政府实事工程。

苏州泰伯庙的修葺分两次进行，分别是2009年7月和2012年7月，均历时半年左右，同时恢复了东、西两庑房等。重修后的泰伯庙，总占地面积约7492平方米，2014年5月17日正式对外开放。

◎ 东汉桓帝永兴二年，即公元 154 年，吴郡太守麋豹于阊门外建造泰伯庙。

◎ 五代后梁乾化四年，即公元 914 年，吴越王为避兵乱，移建于今苏州阊门内下塘街 252 号。

◎ 北宋元祐年间，赐庙额至德。

◎ 南宋建炎四年，即公元 1130 年，庙毁。

◎ 乾道元年，即公元 1165 年，知府沈度鸠工重建，又于庙前造至德桥。之后屡毁屡建，庙中有清康熙、光绪以及民国时重修记碑文可考。

◎ 清康熙四十四年，即公元 1705 年，圣祖玄烨南巡时，为苏州泰伯庙钦赐御笔亲书“至德无名”，该匾如今高悬于至德殿中。

◎ 乾隆十六年，即公元 1751 年二月，高宗弘历南巡，为苏州泰伯庙御笔亲书“三让高踪”，该匾如今高悬于至德殿中。

◎ 20 世纪 50 至 90 年代，泰伯庙一度作为学校、民居等，后被改建为庙桥农贸市场、菜市场。

◎ 2009 年，桃花坞地区改造。

◎ 2009、2012 年先后对泰伯庙进行修缮，终于恢复旧制，并进行庙内布置。

◎ 2014 年 5 月 17 日正式对外开放。

◎ 2019 年底，饱受白蚁侵蚀的泰伯庙又得到保护性修缮。

◎ 2021 年 4 月 30 日再次对外开放。

吴老师，既然苏州泰伯庙意义如此重大，为何只是市级文物保护单位呀？

我们现在看到的泰伯庙是一期工程，未来还有二期工程的建设，其文化价值、精神内涵和教育功能等将得到进一步充实和提升。

届时，连同泰伯庙西侧的吴门书道馆一起，还将申报省级“爱国主义教育基地”“全国重点文物保护单位”呢！

同学们，纵观苏州泰伯庙的历史，虽然经历过天灾战乱，多次毁坏，但总会重修。因为，这里承载着泰伯文化和至德精神等吴文化的丰富内涵。

·吴门书道馆

同学们仰望高高耸立的四柱三间冲天式石坊，被柱端雕刻精美的卷云纹吸引。横额“至德坊”苍劲有力，即为吴元炳重修泰伯庙时书

写。仪门上悬挂的“三吴首祠”匾额和楹柱上“让三固是周天下；第一初开吴世家”联，均为今人补书。

穿过仪门，进入内广场，迎面而建的是至德殿。殿内正中供奉“古吴国君泰伯神位”，东为“古吴国君仲雍神位”，西是“古吴延陵季子神位”，并排向南而坐。大殿正上方悬挂着两块匾额，“至德无名”是公元1705年，即清康熙四十四年，康熙皇帝南巡，驻跸苏州行宫时钦赐；“三让高踪”是公元1751年，即清乾隆十六年二月二十一日，乾隆皇帝南巡，二十五日驻跸苏州行宫时钦赐。

三讓高踪
乾隆御筆
至德無名

年皇上諭祭文
維乾隆十六年歲次辛未二月辛卯朔越二
遣散秩大臣誠毅伯烏米泰致祭於
伯之靈曰惟
伯孝先體志友更從心值商祚之將移早裕化
無立幼之嫌薰遜讓於三吳遥開千萬年之
八百年之太平嘆至德於宣尼夐乎尚矣
省方致深懷古睹江鄉之殿庶宜歆水而
展敬靈其鑒格尚克歆承

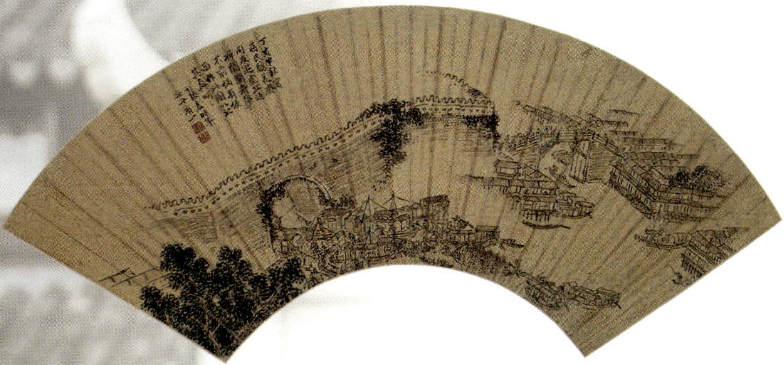

·〔明〕张宏《阊关舟阻图》

不仅如此，乾隆皇帝六次南巡，均遣大臣致祭苏州泰伯庙，并赐谕祭文。谕祭文陈列在西庑的一楼，广场上也有一方“谕祭文”石碑。同学们在今后的学习和生活中，要团结同学，尊重师长，守礼谦让，正直善良……同学们听了纷纷点头答应。

东山

菱湖

明月湾古码头

安山、游湖

甪直

吴老师，再给我们讲讲仲雍和季札吧！

仲雍，又名虞仲、吴仲，自愿跟随长兄同避江南。为此泰伯心怀愧疚，自己带着仲雍让国奔吴，使得他失去继承周族部族权力的机会。泰伯当初取国名为“勾吴”（取“吴仲”之“吴”），正是想以此作为对仲雍的补偿。

泰伯无子，仲雍继位成为勾吴国第二任君王，确切地说，之后的历代吴国君王，均为仲雍的后裔。仲雍逝世后，葬在今常熟市虞山东岭，虞山之名也因此而得。公元323年，即晋明帝太宁元年，尊崇仲雍为恭孝王；公元1369年，即明太祖洪武二年，敕封吴仲雍之神。仲雍墓区总占地约2160平方米，由墓道、墓坊、墓圹、拜台等组成。1956年、1982年，先后两次被列为江苏省文物保护单位。

仲雍墓

·〔明〕张宏
《延陵挂剑图轴》
（局部）

司马迁《史记·吴太伯世家》："季札之初使，北过徐君。徐君好季札剑，口弗敢言。季札心知之，为使上国，未献。还至徐，徐君已死，于是乃解其宝剑，系之徐君冢树而去。"

季札访问晋国时，佩带宝剑拜访了徐国国君。徐国国君观赏着季札的宝剑，内心十分想要。季札因为还有出使的任务，没有立即把宝剑献给徐国国君，但是他在心里已经答应给了。后来季札得知徐国国君死在楚国，追悔莫及，解下宝剑要送给继位的徐国国君。继位的徐国国君称先君没有留下遗命，所以不敢接受。于是，季札把宝剑挂在了徐国国君墓边的树上，遗憾地离开了。

再说季札。泰伯的第18世、吴国第19位君王寿梦，生有四子：诸樊、馀祭、馀眛、季札。季札排行最小也最贤明，寿梦想传位给他。季札知书达理，品德高尚，自然谦让不肯接受，于是王位传给他的长兄诸樊。不过寿梦有遗言，兄终弟及，最后还得让季札接位。

西泾山西南即为吴巷山，这里最早的居民，传为季札之孙濮蒌，为避夫差之乱携家人隐居洞庭湖中武山之下，他变姓为濮，武山之巅有濮公墩。濮氏以开荒自给自足度日，慢慢地在武山建屋造房，遂成闾巷，凿池挖井，开渠造桥，直通太湖。北宋靖康时，季札第 50 世孙濮远曾献饷犒金。金人南侵时，大批难民涌入繁衍，濮氏家族担心外来人多，难以管理。据说南宋嘉泰四年，即公元 1204 年，当时的濮氏族长、季札第 52 世孙濮百生特地朝拜宋宁宗，宁宗命濮氏仍复吴姓，并赐地 4.6 亩永免税粮，作为吴氏祭祖之用，并将吴氏聚居之地赐名吴巷。

诸樊待父丧结束就要让位，季札又推辞，并且避居延陵(今江苏常州、江阴一带)，诸樊无奈就封他在那里，人们称其“延陵季子”。所以说，从泰伯、仲雍到季札，谦让大度的品格，足以楷模后世，德泽千古。另外，至德殿东、西两面墙壁分别嵌有公元1685 年《重建至德庙碑记》和公元1686 年《巡抚江南汤公长生碑》等。

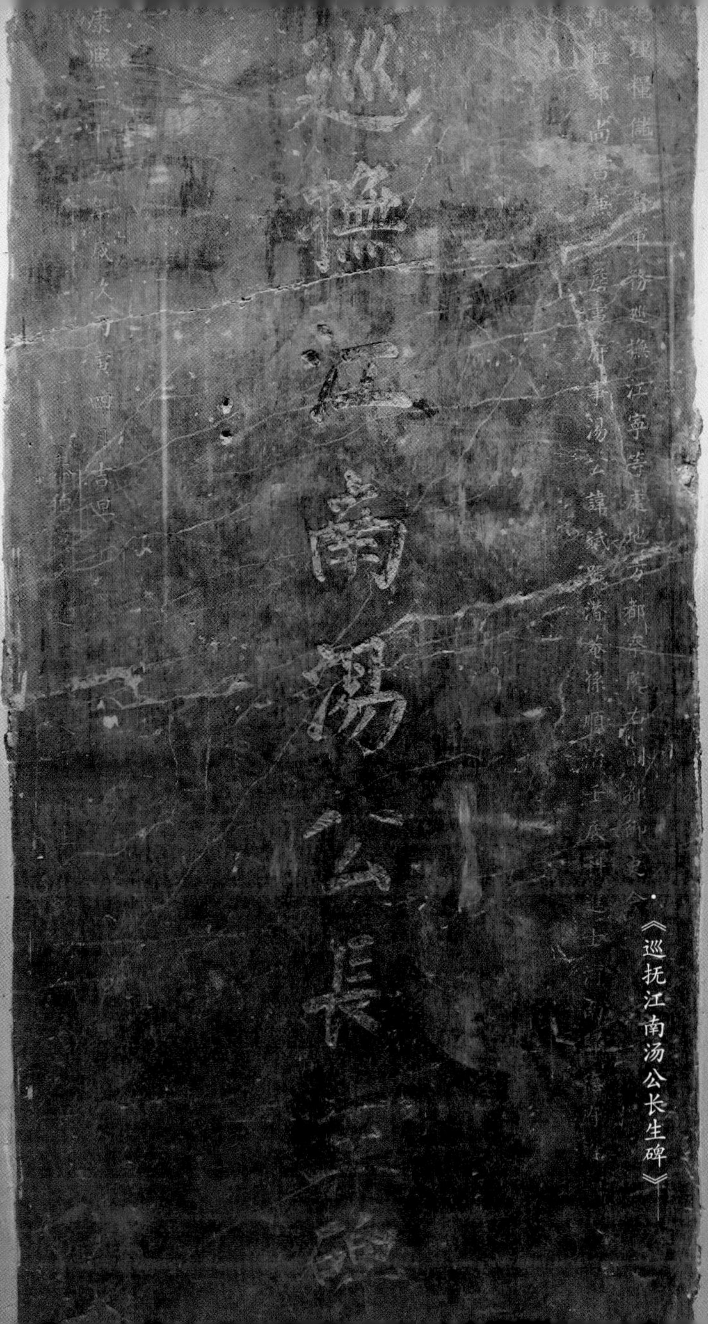

《巡抚江南汤公长生碑》

在至德殿前东、西两侧，分别为二层楼的庑房，同学们依次参观。首先来到东庑一楼，仔细观看从“三让王泰伯像”起，至“吴王夫差像”，共26方“吴国历代君王画像碑”，每块碑上都有人物介绍。除了吴国君主，“延陵王季札”也位列其中，可见他的历史地位等同于“吴王”。

东庑二楼，主要通过实物书本模型的形式（《苏州泰伯庙胜迹纪略》《圣贤论赞泰伯》《诗咏泰伯》等），选取展示史书中记载的历代修复泰伯庙的情况和历代泰伯庙祭祀的盛况。还展示了《至德志》（清光绪丙子冬月重刊本）中的“目录”“序”“乾隆谕祭文”“汉桓帝敕赐吴泰伯世系图赞”“东庑祀历代先贤”“春秋享祀”“宠锡祠庙”等。

蘇州泰伯廟勝迹紀略
泰伯像
蘇州泰伯廟勝迹紀略

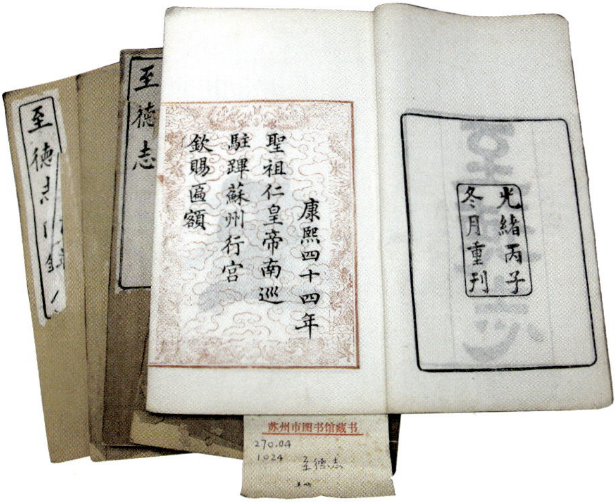

·《至德志》线装书

《至德志》记载了成书之前苏州泰伯庙的历史沿革，记录了勾吴国和泰伯以及其后裔的重要文献，传导着深厚的文化基因。其中一个极为重要的《吴氏世系图》，从始祖泰伯，记录到104世吴朝鼎，历时3000年左右，这是最具权威的一支吴氏家谱世系图。

同学们，我们前面说过，东庑原来祀的是哪些人物呀？

是与泰伯庙有着深厚渊源、备受百姓爱戴的苏州地方官。

对的，而那时西庑祀的是历代贤裔，有吴如胜、吴允承、吴皋孟、吴世伟、吴感、吴尔成、吴宗荣、吴兴祚、吴存礼。

现在西庑一楼陈列的是以“三让高踪·至德高风”为主题、“泰伯谱系·第一世家”为主要内容的展品。史书展示有《史记·吴太伯世家》（明万历二十四年、清康熙三十九年刊本合订）、《吴氏宗谱》（民国年间刊本）、《吴氏统谱·三让王像赞》（清光绪年间刊本）等。还有“泰伯圣德·历代帝王褒崇泰伯”等，重点突出泰伯的至德精神。

三讓高踪
至德高風

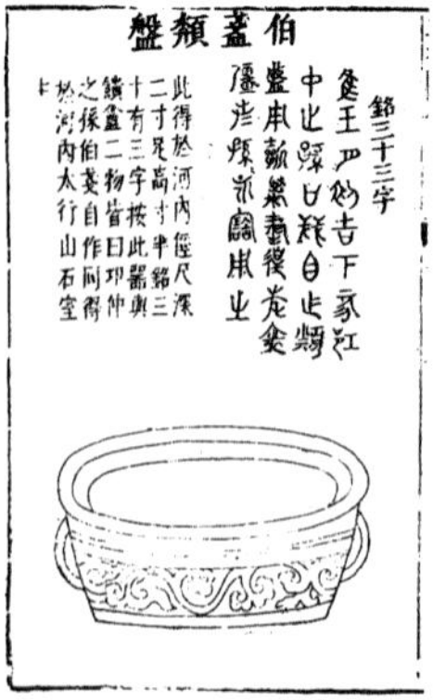

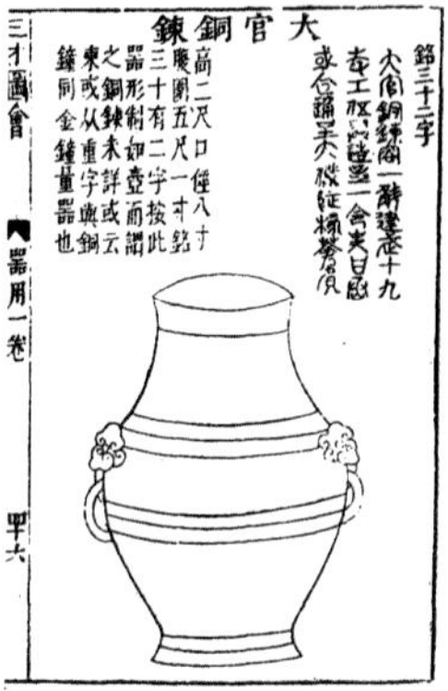

关于泰伯三让王位的故事，这里有“泰伯三让·千古流传”的图文解读。“泰伯奔吴·文化交融”则以实物展出，有苏州虎丘东周墓出土的铜四系壶（复制品）、铜蟠螭三足提梁盉（复制品）、铜豆（复制品），西周晚期印纹陶罐等。无不叙述着自勾吴国至春秋吴国与中原周王朝之间一脉相承的关系，呈现出中原文化与江南本土文化交融所形成的吴地文化。

· 西周晚期印纹陶罐

· 苏州虎丘东周墓出土铜豆（复制品）

上有天堂，下有苏杭。苏州之美，在于秀，如小家碧玉般灵秀。她把含蓄的美隐藏于千年城墙上、幽深长巷内、斑驳老宅里、古朴石桥边、清澈河道间、吴侬软语中……经过时光的洗礼，这一切越发清晰。城中的小桥、流水、人家，在漫长的寂寞等待中，依然美丽；在喧闹的历史长河里，依然惬意。而城外大大小小的湖泊和高高低低的青山，已然成为苏州人取之不尽、用之不竭的金山银山。

西庑二楼，围绕吴国之源、吴国之强、吴国之城、吴国之器四个主题展开。尤其是“古代苏州城墙的演变”，从春秋时期伍子胥建阖闾城徐徐展开，以古城墙元素作为布景灵感，雄浑大气。苏州古城墙的厚重感，与苏州深厚的历史文化底蕴相辅相成、相得益彰。生动诠释了吴国的发展脉络，向世人骄傲地宣示文明古国的伟大。

·春秋战国交替时期吴剑（苏州古城观前地区出土）

师生们来到两座御碑亭前，东即为《汉桓帝敕封奉祀侯吴允承制》石碑，在这之后屡有敕封，如《晋明帝御制昭衍公吴皋孟诰》《唐太宗敕赐祀田制》《明宪宗敕赐吴宗荣奉祀劄付》等。西则是《乾隆十六年皇上谕祭文》石碑。碑文字体均为古朴的隶书，虽然同学们现在不能完全看懂，但是个个认真品读，肃然起敬。

苏州泰伯庙，深深烙印着三千多年的基因

遗传，是历代吴人认祖归宗、寄托乡愁、传承泰伯文化的重要场所；也是治理吴地者的道德楷模、行为准则、与百姓情感交流的主要纽带。时至今日，苏州泰伯庙已是苏州历史最悠久的文化遗产，是最受尊崇的庙宇，是最能代表勾吴国和苏州的载体，是最值得传承的吴文化的标志。古城内外布满着勾吴国的历史印记，散发着浓烈的吴文化积淀沉香。

参观即将结束，我出题考考同学们，当今将苏州泰伯庙作为苏州市未成年人教育实践基地的现实意义是什么？

希望我们从小耳濡目染中华优秀传统文化精髓。

提升我们的道德品质修养、增强家国情怀。

我们要从小养成自觉保护和爱惜文化遗存、文物遗址、古迹名胜的习惯。

是呀，当年的这些真实故事，充分说明了苏州泰伯庙所起的重大的历史文化作用，在当今依然具有十分重要的意义。任凭岁月如何流逝、城市如何发展、地貌如何变迁，无形的吴文化印记，早已厚厚积淀在吴地的青山绿水间，烙印在新老苏州人的心坎上，流淌在我们的血液中，代代相传！

今日的苏州，已是国际、国内著名的城市。上有天堂，下有苏杭，这里不仅风景秀丽，还有世界闻名的工业园区，充满着活力和张力。同时，苏州的古城保护做得越来越好。泰伯庙已成为苏州市未成年人教育实践基地，颂泰伯，德为先，已走进教室；弘扬中华民族优秀传统文化，提高国民道德水准，已成为全民共识。

同学们个个收获颇丰地走出泰伯庙，再次仰望彩云笼罩之下的至德坊和至德殿。随后精神抖擞地回到至德桥上，齐齐转身，右手五指并拢举过头顶，行了庄严的少先队队礼。此刻水巷潋滟荡漾，恰如在苏州人梦里百转千回的江南水乡，霞光把同学们胸前的红领巾映衬得更加鲜艳。“至德造吴，洪惟泰伯”“宣父有言，礼让为国”“仲扬其波，季濬其流”“好好学习，强国有我”……

金鸡湖

吴山岭

李公堤

湖东夜景

吴国历代君王
画像碑

第一任吴王泰伯

泰伯，又作太伯，吴立国之君，古泰伯为周族古公亶父长子，古公欲立三子季历以及历之子昌。泰伯及其弟仲雍乃奔荆蛮，自号句吴，孔子赞其为至德，即道德之最高境界。无锡鸿山有泰伯墓。

第二任吴王仲雍

仲雍，又作虞仲、吴仲，泰伯之弟。泰伯卒无子，弟仲雍立。

仲雍墓在常熟虞山。

第三任吴王季简

季简，仲雍之子。仲雍卒，子季简立。

第四任吴王叔达

叔达，季简之子。季简卒，子叔达立。

第五任吴王周章

周章，叔达之子。叔达卒，子周章立。是时周武王克殷，求泰伯、仲雍之后，得周章。周章已君吴，因而封之。周章墓在常熟虞山。

第六任吴王熊遂

熊遂，周章之子。周章卒，子熊遂立。

第七任吴王柯相

柯相，熊遂之子。熊遂卒，子柯相立。

第八任吴王疆鸠夷

疆鸠夷，柯相之子。柯相卒，子疆鸠夷立。

第九任吴王馀桥疑吾

馀桥疑吾，疆鸠夷之子。疆鸠夷卒，子馀桥疑吾立。

第十任吴王柯卢

柯卢，馀桥疑吾之子，馀桥疑吾卒，子柯卢立。

第十一任吴王周繇

周繇，柯卢之子。柯卢卒，子周繇立。

第十二任吴王屈羽

屈羽，周繇之子。周繇卒，子屈羽立。

第十三任吴王夷吾

夷吾，屈羽之子。屈羽卒，子夷吾立。

第十四任吴王禽处

禽处，夷吾之子。夷吾卒，子禽处立。

第十五任吴王转

转，禽处之子，禽处卒，子转立。

第十六任吴王颇高

颇高，转之子，转卒，子颇高立。

第十七任吴王句卑

句卑，颇高之子。颇高卒，子句卑立。是时晋献公灭周北虞公，以开晋伐虢，时为公元前六五八年也。

第十八任吴王去齐

去齐，句卑之子。句卑卒，子去齐立。

第十九任吴王寿梦

寿梦，又作乘、孰姑，去齐之子。公元前五八五年，去齐卒，子寿梦立。寿梦时，始于中原国家相通，吴国崛起，《史记》记为寿梦初霸。公元前五六一年，寿梦去世。

第二十任吴王诸樊

诸樊，又作遏、谒，寿梦长子。公元前五六一年，寿梦卒。子诸樊立。公元前五四八年，诸樊卒于伐楚战场。

第二十一任吴王馀祭

馀祭，又作戴吴，寿梦次子，诸樊弟。公元前五四八年，诸樊卒。弟馀祭立。公元前五四四年，吴伐越获俘，使守舟，馀祭观舟，越俘以刀弑之。

第二十二任吴王馀眛

馀眛，又作馀昧、夷末、夷昧，寿梦三子，馀祭弟。公元前五四四年，馀祭卒，弟馀眛立。公元前五二七年，馀眛卒。馀眛墓在镇江大港背山顶。

延陵王季札

季札，又作公子札，延陵季子、延州来季子。寿梦四子，馀眛弟。季札贤，寿梦在世时欲立之，季札让不可。后诸樊当国，复让位之而未果，吴人固立，季札弃其室而耕。季札封邑延陵，即今常州。无锡江阴有季札墓。

第二十三任吴王僚

僚，又作州于，馀昧子。公元前五二七年，馀昧卒。子僚立。公元前五一五年，诸樊子公子光乘吴伐楚，楚丧，设宴，使专诸弑之。僚墓在苏州狮子山。

第二十四任吴王阖闾

阖闾，名光。诸樊子，另说馀眜子。公元前五一五年，光乘吴伐楚，使鱄设诸弑僚而自立。公元前四九六年，吴伐越之槜李战中，为越将所击伤身死。阖庐墓在苏州虎丘山。

第二十五任吴王夫差

夫差，阖闾子。公元前四九六年，阖闾卒，子夫差立。吴伐越，夫差拒伍员灭越之谏而留存越国后。吴北伐齐，鲁且在黄池盟会与晋争霸时，吴都城为越所袭。公元前四七三年，越灭吴，夫差自缢身死。

名

圣贤论赞泰伯
诗咏泰伯庙

孔子

名丘，字仲尼，春秋末期思想家、教育家、政治家，儒家思想创始人

子曰：“泰伯，其可谓至德也已矣。三以天下让，民无得而称焉。”

朱熹

字元晦，又字仲晦，号晦庵，晚称晦翁。南宋时期理学家、思想家、哲学家、教育家、诗人

朱子曰："让之为德既美矣，至于三，则其让诚矣。以天下让，则其让大矣。而又能隐晦其迹，使民无得而称焉，则其让也非有为名之累矣。此其德所以为至极而不可以有加也。"

程颢

字伯淳，人称明道先生，
北宋理学家、教育家

程子明道曰："泰伯知王季之贤，必能开基成王业，故为天下而三让之。言其公也。""三让者，不立，一也；逃之，二也；文身，三也。"

程颐

字正叔，世称伊川先生，北宋理学家、教育家，程颢之胞弟

程子伊川曰 :“泰伯之让,非为其弟也,为天下也。其事深远,故民不能识而称之,而圣人谓之至德。不立,一让也 ;逃之,二让也 ;文身,三让也。”

范祖禹

字淳甫，一字梦得，北宋历史学家、政治家

范氏淳夫曰："生民以来，有欲必有争。故为国者贵乎礼让之道，达而天下和。是以尧舜克让，圣人尊之，泰伯三让天下，而民莫能知之，非夫子后世无述焉，故称其至德，与文王同而让道之美，无以加矣。"

刘宗周

字起东，别号念台，人称蕺山先生

刘宗周曰："又追论其始溯，周家世及之自，则泰伯之德实与文王并隆。……圣人见端知末，逆知必至之势，而早决其无待之机，真能让天下者也，故曰三让。今人事到临局处，无可奈何，只得听时势所转。"

泰伯庙

〔唐〕皮日休

蛮荆古服属南荒，
大圣开基辟草堂。
载造文明追二帝，
尚余揖让补三王。

泰伯庙

〔宋〕范仲淹

至德本无名，宣尼一此评。
能将天下让，知有圣人生。
南国奔方远，西山道始亨。
英灵岂不在，千古碧江横。

至德庙

〔宋〕蒋堂

泰伯何为者，不以身为身。
逊避天下位，奔走句吴滨。
隐德昭来世，遗祀传斯民。
吁此廉让国，合生廉让人。

谒泰伯庙

〔宋〕杨简

三以天下让，先圣谓至德。
某也拜庙下，太息复太息。
三辞不难知，泰伯无人识。
胡为无得称，万象妙无极。

至德庙

〔元〕赵孟頫

让王矢志继陶唐，庙貌雍雍德愈光。
百世荆蛮开礼乐，万年俎豆肃冠裳。
碑穹画栋香台冷，额掩雕梁石础煌。
历代皇恩褒宠厚，世承宗祀袭流芳。

泰伯庙

〔明〕黄省曾

古庙临河口，凋落无丹青。
泰伯遗四海，萧条居此庭。
清风何时息，日月共千龄。
拜揖冕旒下，垆上烟冥冥。

泰伯庙

〔清〕顾嗣立

古来能让者，大半由好名。
飘然去弗顾，名重天下轻。
所以巢许流，甘心箕颍氓。
挂瓢洗耳态，矫伪从此生。
达哉吴泰伯，商祚方伶俜。
高山天作邦，隐然基太平。
一朝语爱弟，挈往荆蛮行。
采药差可居，宁识高旷情。
成周列雅颂，至德谁能名。
空余半间屋，光耀垂吴城。

泰伯庙

〔清〕沈景运

与仲来游因避迹，伯夷相让不相同。
天伦自尽投荒外，心事全抛采药中。
南国衣冠鲜旧俗，东吴礼乐肇青宫。
春秋俎豆无今古，长此幽光照碧空。

后记

清代吴鼎科编写的《至德志》，是一本关于苏州泰伯庙的专志，详细记载了历代褒崇志、优恤后裔志、兴建祠庙志、修葺志、祖宗行实志、古迹遗像志、古今艺文志、宗支繁衍志、杂事识余志等，为本书的撰写提供了可靠的历史依据。不过，我们只是从中撷取一小部分而已，苏州泰伯庙的故事还有很多很多。

中华优秀传统文化是中华民族的精神命脉，是滋养社会主义核心价值观的重要源泉，也是我们能在世界文化激荡中站稳脚跟的牢固根基。有鉴于苏州泰伯庙是苏州市未成年人教育实践基地之一，为了配合社会主义文化强国建设，引导广大未成年人树立正确的思想意识，从小接受优秀传统文化的熏陶，坚定文化自信、增强文化自觉、实现文化自强，故而，本书在策划之初，就拟定主要针对未成年人的阅读和教育，润物无声，在小朋友的心田种下一颗热爱优秀传统文化的种子。

那么，如何才能让阅读兼具知识性和趣味性呢？本书以怎样的面貌示人显得尤其重要，我们为此颇费心思和周折。策划之初，设想以黑白连环画的形式呈现；后来，与吴永敏、吴友华两位先生一起交流后觉得，以彩色照片记录当下泰伯庙的现状更具现实意义和文化价值；再后来，随着编写的深入，我们又想着单一的照片过于呆板，不足以吸引未成年人的兴趣……经过一而再再而三的商讨、坚持不懈地尝试，最终呈现出来的作品是以当下苏州泰伯庙的实景照片为基础，以小朋友喜爱的师生卡通形象贯穿始终，以简短的语言讲述晦涩的历史故事，以小贴士以及附录补充知识点并丰富内容，再挑选一些苏州古城内外的美丽风光照片作为隔页，直观反映新时代、新风貌、新气象。

《苏州泰伯庙的故事》是图文结合的原创文学故事、通俗读物，以吴老师带领吴同学、张同学、周同学参观苏州泰伯庙为切入点，徐徐展开。用师生问答的形式，沉浸式讲述泰伯奔吴、建立勾吴国、建造阖闾城、泰伯庙的沿革，包括泰伯庙的建造背景、历代修建和泰伯庙的现状等故事，以及师生们参观后所受到的教育和启发。传递出泰伯三让王位的至德文化、开拓进取的城市精神、谦让奉献的家国情怀等，三千多年以来对锦绣江南和吴地文化产生的积极而深远的影响。我们努力使单一的题材尽可能地丰富多彩起来，力求做到传统与创新并存，严谨与活泼并重，尽量避免平淡乏味，令读者在轻松愉快的翻阅中领悟传统美德、优秀文化，欣赏天堂苏州人文与自然交相辉映的视觉盛宴，感受吴地文化内涵之深厚、苏州人文景观之美好、山水田园风光之动人。文字撰写，数易其稿；人物形象，反复琢磨；版面设计，几度推翻……如此精益求精，也算是我们学习泰伯、仲雍等先贤开拓创新精神的小小实践。由于我们初次尝试这样的设计风格，若有不尽如人意的地方，还请可敬、可亲、可爱的大朋友、小朋友批评指正。

时至今日，传承和弘扬中华民族优秀传统文化，提高国民道德水准，维护社会和谐稳定，已成为全民共识。特别希望未成年人从小耳濡目染传统文化精髓，成为有道德感、使命感、责任感的全面发展的祖国栋梁之才。这些，就是我们编写、出版《苏州泰伯庙的故事》的初衷和愿望。当然还有另一个重要原因，就是自《至德志》成书到目前为止，未见苏州泰伯庙故事的相关专

由左到右依次为著者吴眉眉、主编吴永敏、著者吴友华